# ANDRÉ JOUBERT

# Michel-Eugène CHEVREUL

(1786 - 1886)

ANGERS

IMPRIMERIE-LIBRAIRIE GERMAIN ET G. GRASSIN

Rue Saint-Laud

—

1886

ANDRÉ JOUBERT

# Michel-Eugène CHEVREUL

(1786 - 1886)

ANGERS
IMPRIMERIE-LIBRAIRIE GERMAIN ET G. GRASSIN
Rue Saint-Laud
—
**1886**

# Michel-Eugène CHEVREUL

**(1786 - 1886)**



## I

Le jeudi 31 août 1786, à huit heures du soir, naissait à Angers, dans la maison de la rue des Deux-Haies qui porte le numéro 11, un enfant destiné à devenir l'une des gloires les plus respectées de la France. Il reçut les noms de Michel-Eugène Chevreul et fut baptisé, le lendemain vendredi 1ᵉʳ septembre, dans l'église Saint-Pierre, par Huchelou-Desroches, curé de Saint-Julien. Son père, Michel Chevreul, était « maître en chirurgie et docteur en médecine. » Il était renommé pour son savoir. Quinze jours plus tard, il obtenait le titre de membre correspondant de la Société Royale de médecine de Paris. Sa mère s'appelait Étiennette-Madeleine Bachelier et appartenait à une famille de médecins. Son parrain, Gilles Chevreul, s'intitulait « maître en chirurgie, » titre que portait également Claude Bachelier, le mari de la marraine, Étiennette Delmont de Lisle.

Le quartier où le futur savant vit le jour était le centre de la vie intellectuelle à Angers. Les médecins, les pro-

fesseurs, les chanoines lettrés y habitaient et les Grandes-
Écoles étaient voisines. C'est là que fut élevé Michel-
Eugène Chevreul, sous la surveillance vigilante de sa mère,
secondée par la direction éclairée de son père, qui devait
« jusqu'aux extrêmes années d'une noble vieillesse jouir
de la gloire de son fils et du respect affectueux dont l'en-
touraient ses concitoyens. » Quant à Étiennette Bachelier,
elle s'éteignit à plus de quatre-vingt-treize ans, dans la
rue Saint-Maurille, ce qui prouve que la longévité est
traditionnelle dans cette famille.

L'enfant avait déjà l'âge de raison en 1793. Il fut témoin
de l'une des sinistres immolations, dont la place du
Ralliement était le théâtre quotidien, et il se souvient
d'avoir assisté à la mort de deux victimes du comité révolutionnaire d'Angers. Quelles étaient ces deux jeunes
filles de dix-huit à dix-neuf ans, immolées à la fureur
des « bourreaux barbouilleurs de lois, » selon l'énergique
expression d'André Chénier ? Il serait difficile de dé-
couvrir leurs noms, tant est longue la liste des martyrs de
la Terreur en Anjou, que l'abbé Gruget bénissait du haut de
son réduit ignoré, quand le sinistre couteau de la guillotine
s'abattait sur ses têtes innocentes ! L'exécuteur des hautes
œuvres, armé du briquet et coiffé du bonnet phrygien,
ayant aperçu l'enfant, le fit placer au premier rang en
disant : « Il faut que le petit bougre de patriote s'habitue
à voir couler le sang. »

Au mois de juillet de la même année, Michel Chevreul
se reposait paisiblement de ses nombreux labeurs, au
milieu de sa famille réunie sous les ombrages de sa maison
de campagne de Mûrs, quand les Vendéens de la division
de Bonchamps, commandée par d'Autichamp, son cousin,
précipitèrent du haut du rocher à pic dans la Loire les
Bleus placés sous les ordres du capitaine Bourgeois.
La jeune femme de l'officier républicain se jeta dans le
fleuve avec son enfant. Le souvenir de ces scènes terribles

du grand drame révolutionnaire resta profondément gravé dans la mémoire de Michel-Eugène Chevreul. « Je revois toujours l'hiver de 1793, a-t-il dit; un ciel sombre, une plaine de neige et des taches de sang. »

La loi du 3 frimaire an IV (24 octobre 1794) avait institué une École Centrale dans chaque département. Elle fut inaugurée à Angers le 21 mars 1796 et les cours furent ouverts le lendemain dans l'ancien *Collège d'Anjou*, aujourd'hui la Mairie. Mais, en octobre 1797, elle fut transférée au Grand Séminaire. L'enseignement de la physique et de la chimie fut confié à Sébastien-Gervais Héron, ex-oratorien, dont Michel-Eugène Chevreul, de douze à dix-sept ans, écouta assidûment les savantes et intéressantes leçons, en compagnie de Pierre-Augustin Béclard, de P.-J. David, de Millet, de Guépin, de Bastard, de Grille et d'une foule d'autres Angevins.

En 1803, il se rendait à Paris. « Une vie nouvelle et pleine d'une sève d'autant plus vigoureuse que la Révolution semblait, comme le dit M. le docteur Farge, n'avoir laissé que les jeunes, animait la grande ville. Les sciences entraient dans la phase la plus brillante de leur renaissance; Fourcroy avait abandonné la politique, les grandes écoles normale et polytechnique étaient fondées, la nouvelle Université allait jeter la vie intellectuelle dans toutes les parties de la France; Vauquelin, l'ancien préparateur de Fourcroy, occupait la chaire du Collège de France, et Thenard, à son tour, était le préparateur que s'était choisi Vauquelin. » Le jeune Chevreul se fit admettre au laboratoire du célèbre chimiste. L'élève se montra digne du maître, car, à vingt ans, il obtenait la direction des travaux de l'éminent professeur. Il était, en même temps, professeur au lycée Charlemagne. Il fut nommé, à vingt-quatre ans, aide-naturaliste au Muséum, puis ensuite officier de l'Université, examinateur à l'École polytechnique, directeur des teintures et professeur spécial de chimie aux Gobelins.

— 6 —

La série de ses publications était déjà importante. Il avait
signé des mémoires remarquables dans les *Annales de
physique et de chimie*, publiées sous les auspices de
MM. Monge, Fourcroy, Berthollet, etc. Dès 1809, il écrivait
une étude très appréciée des juges compétents sur la
teinture de cochenille. Il remplaçait, à l'Institut, en 1826,
sous la Restauration, le chimiste angevin Proust, et bientôt
le roi Louis XVIII l'installait dans le laboratoire des
Gobelins. A la fin de 1830, il était nommé professeur au
Muséum par le roi Louis-Philippe.

Ses *Recherches chimiques sur les corps gras d'origine
animale* furent composées de 1814 à 1823 ; son ouvrage
intitulé *De la loi du contraste simultané des couleurs :
classification des couleurs, cercles chromatiques*, de 1827
à 1829. Ses *Leçons de chimie appliquée à la teinture*
datent de 1829 ; ses *Effets optiques : étoffes de soie*, de
1842. Nous ajouterons à cette liste : *Vision des couleurs*
(1879-1882). L'*Introduction à l'étude des Sciences
chimiques* (1862). — *Des arts qui parlent aux yeux au
moyen des solides colorés d'une étendue sensible*, etc.
(1867). — *De la méthode à posteriori expérimentale*
(1870). — *L'esprit humain dans la recherche de l'in-
connu* (1877). — *Histoire de la matière depuis les philo-
sophes grecs jusqu'à Lavoisier* (1878). Enfin il ne faut
pas oublier son « *Esthétique de la Jardinique* » où il a
exposé ses théories sur l'horticulture.


II


C'est le 24 septembre 1844 que notre illustre compatriote
fut fait commandeur de la Légion d'honneur. Le père de
notre savant s'éteignit à Angers le 2 juillet 1845.

Michel-Eugène Chevreul inaugura, la même année, la

série de ses articles célèbres, dans le *Journal des Savants*, sur les origines fabuleuses de la chimie. Il y inséra, l'année suivante, un travail philosophique sur un écrit du comte Odard, intitulé *Ampélographie*, qui traitait des différents cépages de vin, de la manière de les obtenir et de les cultiver. Il reprit, en 1849, l'*Histoire de la Chimie* à travers les siècles, puis il approfondit les secrets de la magie des temps anciens et modernes, la prétendue transmutation des métaux, les mouvements circulaires des tables, les miracles de la baguette divinatoire et du pendule explorateur. Il entreprit ensuite l'étude des matières grasses et de la chimie dite organique. Il publia un savant traité des matières colorantes. On lui doit les bougies de stéarine.

Il rédigea, en 1848, un mémoire sur la *Théorie des effets optiques que présentent les étoffes de soie*. Laissons lui la parole, un instant, à propos du jeu des couleurs : « Je recevais la visite de la jeune M^me Paul Delaroche et de sa mère, M^me Horace Vernet. Avec ces deux femmes d'illustres peintres, j'étais à l'aise pour parler des couleurs, de leurs rapports, de leurs harmonies. Et prenant un exemple : Pourquoi, dis-je à M^me Delaroche, blonde comme vous êtes, portez-vous une capote blanche ? Vous perdez toutes les nuances qu'une couleur eût données à votre délicate carnation. — Voyez-vous, ma mère, dit-elle aussitôt à M^me Vernet, je vous avais bien dit que le blanc me seyait mal et qu'une capote de couleur vive m'eût mieux convenu. Je fus enchanté de cette confirmation de la science par un goût féminin et délicat... »

L'ensemble des œuvres de Michel-Eugène Chevreul est considérable et leur analyse, même succincte, dépasserait les cadres de cette notice.

Nous devons mentionner cependant ses considérations sur la partie de la médecine qui concerne la prescription des remèdes ; sur l'analyse organique et ses applications ;

sur les recherches photographiques de Niepce et de Saint-Victor; sa théorie chimico-physique de la détonation de l'*Amer indigo*; son tableau représentant la distribution des connaissances humaines dans le domaine de la philosophie naturelle; sa note sur certains faits d'affinités capillaires et certaines réactions déterminées par le contact des corps solides avec des liquides, ou des gaz, ou même avec des corps solides; ses pages si curieuses où, à l'âge de quatre-vingt neuf ans, il constate de nombreux phénomènes qui sont la conséquence de la vieillesse, etc. Il présentait encore cet hiver, à plus de quatre-vingt-dix-neuf ans, le fruit de ses observations à l'Académie des Sciences. Il professait en 1884 au Jardin des Plantes.

Ses magnifiques découvertes ont été profitables à un grand nombre d'industries et, comme on l'a justement constaté, elles ont fait gagner des millions au commerce, sans que le savant ait seulement pensé à en tirer profit. La Société d'encouragement lui a décerné, en 1852, un prix, bien mérité, de 12,000 francs. Cette superbe vieillesse, qui couronne une vie austère, entièrement consacrée au travail, excite à bon droit l'admiration générale et, suivant la remarque d'un écrivain, on peut lui appliquer ce que Montaigne disait du *de Senectute* de Cicéron : « Cela met en appétit de vieillir. » Être âgé de cent ans, et n'éprouver aucune infirmité! compter un siècle d'existence et jouir de toutes ses facultés! C'est un spectacle merveilleux et bien digne d'inspirer le respect universel. Quel est le secret de cet étonnant phénomène? Le savant nous l'a révélé : « C'est, dit-il, la règle dans le travail, la modération dans les habitudes de la vie. » On sait aussi qu'il ne boit pas de vin. Ajoutons, pour compléter le portrait, que M. Chevreul est un pêcheur à la ligne très expérimenté et très passionné.

## III

Demeuré ferme à son poste pendant le siège de Paris, Michel-Eugène Chevreul faisait consigner au procès-verbal de l'Académie, le 9 janvier 1871, la déclaration suivante :

*Bombardement du Muséum d'histoire naturelle.*

### DÉCLARATION

« Le Jardin des plantes médicinales, fondé à Paris par édit du roi Louis XIII, à la date du mois de janvier 1626,

« Devenu le Muséum d'histoire naturelle par décret de la Convention du 10 juin 1793,

« Fut bombardé,

« Sous le règne de Guillaume I$^{er}$, roi de Prusse, comte de Bismarck, chancelier,

« Par l'armée prussienne, dans la nuit du 8 au 9 janvier 1871.

« Jusque-là, il avait été respecté de tous les partis et de tous les pouvoirs nationaux et étrangers.

« E. CHEVREUL, directeur. »

Il aime à s'intituler modestement « le *Doyen des étudiants de France*, puisqu'il lui a été donné de continuer sans interruption, sur les bords de la Seine, des études commencées, à la fin du siècle précédent, dans le beau pays d'Anjou, » selon les termes de sa lettre à M. l'abbé Lamazou, alors vicaire de la Madeleine et élève du Muséum. Le 15 janvier 1871, il avait la délicate pensée d'envoyer à sir Richard Wallace, pendant le bombardement de Paris, quelques fleurs prises dans une serre où avait éclaté un obus prussien et qui avaient miraculeusement échappé au désastre. Depuis l'*Année terrible*, il n'a jamais ouvert un journal. Aussi est-il devenu complètement étranger aux luttes des partis et éprouve-t-il une répugnance profonde pour la politique.

Il a conservé l'amour du pays natal, qui reste toujours enraciné dans les cœurs généreux : « C'est à Mûrs, aime-t-il à répéter, que j'ai passé les plus charmantes journées de mon enfance et de ma jeunesse, c'est dans son petit cimetière tout verdoyant, au penchant du coteau, que je voudrais reposer. » Nous avons rappelé les souvenirs sanglants de la Terreur dont Michel-Eugène Chevreul avait gardé la fidèle image. M. le docteur Farge, dans sa belle et éloquente notice, mentionne aussi, d'après le récit du glorieux centenaire, la touchante histoire de M$^{lle}$ de..., de la meilleure noblesse d'Anjou, sauvée de la mort par la courageuse intervention de son professeur de musique, qui coupa, à l'aide d'un rasoir affilé attaché à son poignet, la corde à laquelle la jeune prisonnière était attachée avec les autres victimes dirigées vers le Champ des Martys. « L'heureux professeur fut bientôt après un heureux mari, dont Chevreul ne peut ou ne veut plus se rappeler le nom. »

Admirateur passionné de la couleur, Michel-Eugène Chevreul ressent une invincible aversion par la photographie. Ce n'est qu'à 97 ans qu'il s'est laissé endoctriner, comme il l'a raconté lui-même avec sa bonhomie habituelle, par un artiste qui destinait ce portrait à l'empereur du Brésil. Quelqu'un lui en a demandé un exemplaire. « Non, non, a-t-il répondu, tu ne le verras pas; j'y suis trop laid. On a tenté une épreuve au soleil, j'y pleure; une autre à la lumière électrique, j'y ricane affreusement. » Comme tous les vrais savants, Michel-Eugène Chevreul est un croyant sincère. « Ceux qui me connaissent, écrivait-il le 5 septembre dernier, savent que, né catholique et de parents chrétiens, je vis et je veux mourir en catholique. »

## IV

Des fêtes publiques ont célébré solennellement, à Paris,
le centenaire de Michel-Eugène Chevreul. Le lundi 30 août
de cette année, la Société nationale d'Agriculture, dont
l'illustre chimiste est membre depuis 1832 et où il est de
tradition, depuis 1849, de lui donner la présidence, un an
sur deux, réunissait dans la salle de ses séances l'élite des
savants du monde entier. La médaille commémorative,
remise à M. Chevreul, est l'œuvre de M. Roty, ancien pen-
sionnaire de l'Académie de France à Rome. Sur la face se
trouve le portrait de notre glorieux compatriote, en buste
et de profil, avec cette inscription : « Michel-Eugène
Chevreul, membre de l'Académie des Sciences. » Sur le
revers, il est représenté assis dans un fauteuil : devant lui
debout, une jeune femme, personnifiant la jeunesse des
Écoles, lui présente des palmes et des fleurs. La devise est
ainsi conçue : « La Jeunesse française au doyen des
étudiants. » On lit aussi les deux dates : « 31 août 1786,
31 août 1886. » M. Chevreul répondait aux discours par
une improvisation élevée; il parlait de la classification
des connaissances humaines et de la méthode de la philosophie naturelle, avec l'éloquence familière et l'aimable
entrain qui sont un des signes caractéristiques de cette
magnifique intelligence. Il se rendait ensuite à l'Académie
des sciences où ses collègues lui faisaient un chaleureux
accueil. Le soir, il assistait, à l'Opéra, à une représentation
de gala organisée en son honneur. Puis on couronnait son
buste sur la scène, aux accords d'une cantate, tandis que
les figurants et les danseuses défilaient en portant des
corbeilles de fleurs.

Voici quelques-unes des strophes dithyrambiques, com-

posées par M. Armand Silvestre, qui ont été dites dans
cette soirée mémorable par M. Sylvain de la Comédie
française. Elles chantent comme une mélopée antique.

> Droit au faîte du siècle où t'ont mis les années,
> Comme les flots montants, que nul frein ne soumet,
> Emportent une fleur vivace à leur sommet,
> Parmi l'écume inerte et les algues fanées ;
>
> Droit au faîte du siècle où le temps t'a porté,
> Comme aux cimes d'un chêne où meurent les feuillées,
> Seul verdoyant parmi les branches dépouillées,
> Flotte un rameau de gui par l'hiver respecté ;
>
> Droit au faîte du siècle, où. comme au front d'un temple,
> Ton nom luit dans l'encens des honneurs immortels,
> Doux vieillard que la Grâce eût honoré d'autels,
> Nous saluons en toi ta gloire et notre exemple.

Le lendemain mardi 31 août, anniversaire de la naissance de M. Chevreul, la nouvelle salle du Muséum, riche-
ment décorée de splendides tapisseries des Gobelins et
d'éclatantes tentures de velours frangées d'or, s'ouvrait
pour recevoir deux mille spectateurs avides de contempler
les traits augustes de celui qui s'avançait le front ceint de
la double auréole de l'âge et du génie. De chaque côté de
la statue encore voilée, se dressaient des tribunes où se
pressaient les savants du monde entier et les représentants
des pouvoirs publics. L'Anjou avait envoyé ses délégués à
cette imposante cérémonie. M. J. Lenepveu, membre de
l'Institut, marchait en tête d'un groupe de nos compatriotes.
M. Chevreul vient prendre place sur l'estrade, aux accents
de la marche du *Prophète*, s'appuyant aux bras de
M. Frémy, directeur du Muséum, et d'un ancien médaillé
de Saint-Hélène, âgé de quatre-vingt-quatorze ans. Un
groupe d'élite l'entoure. Sa famille occupe les fauteuils
voisins. Les bannières des nombreuses députations flottent
au-dessus de l'assemblée. A deux heures et demie, la
statue est découverte, aux acclamations du public qui
crie : Vive Chevreul ! Vive Chevreul !

La statue est due au ciseau de M. Guillaume, l'éminent sculpteur, membre de l'Institut. Le savant est représenté assis sur un fauteuil, dans une pose simple et naturelle, comme s'il assistait à une séance académique. L'expression de la physionomie est rendue avec un rare bonheur et la ressemblance est frappante. Après une série de discours suivis de la remise des médailles commémoratives et des diplômes offerts par les Universités étrangères, le défilé commence. Des enfants déposent leurs bouquets aux pieds du centenaire et les diverses délégations viennent tour à tour saluer le maître glorieux. Le soir, à l'Hôtel-de-Ville, un banquet groupe les invités autour de M. Chevreul et, à neuf heures, une retraite aux flambeaux, dont le cortège est formé par les Gardes de Paris et les Sapeurs-Pompiers, parcourt les rues de la capitale. Enfin un splendide festival, donné à dix heures du soir, avec le concours obligeant des artistes de l'Opéra et de la Comédie française, termine l'apothéose. Nos lecteurs savent déjà qu'une rue d'Angers porte le nom de Chevreul et qu'une plaque commémorative en marbre noir a été placée, par les soins de la Société d'Agriculture, Sciences et Arts, sur la maison de la rue des Deux-Haies, où est né le grand savant. Cette demeure d'apparence modeste a été dessinée et gravée dans le numéro spécial du *Courier Français*, entièrement consacré à célébrer le centenaire. Le texte exact de l'extrait de naissance y figure également, d'après une reproduction photographique.

Les poëtes ont tenu à honneur de contribuer à ces nobles fêtes. Dans une pièce de vers empreinte d'un souffle vraiment lyrique, M. Jean Richepin a exalté l'illustre chimiste, qu'il compare au chêne :

> Toujours droit, verdoyant, superbe.
> Le chêne, orgueil de la forêt,
> Est envié par le brin d'herbe
> Qui vit un jour et disparaît.

Et parmi cette obscure foule,
Que le vent courbe et le pied foule,
Plus d'un, en murmures siffleurs,
S'étonne de voir qu'on vénère
L'aïeul dont le chef centenaire
Sous les autans et le tonnerre
Garde ses feuilles et ses fleurs.

. . . . . . . . . . . . . . .

L'arbre que leur foule environne
Répond aux brins d'herbe envieux :
— Oui, mais, j'ai droit à ma couronne !
Non parce que je suis vieux,
Non plus à cause de ma force
Et des sèves qui, sous l'écorce,
Gonflent toujours ce cœur vivant.
Je ne suis fier ni de mon buste
Droit comme celui d'un arbuste,
Ni de mes bras au nœud robuste
Où se casse l'aile du vent.

Mais ce qui vraiment me décore
Et vaut les hommages rendus,
C'est le bien que je fais encore
Après tant de biens répandus,
Et c'est pour cela que j'estime
L'apothéose légitime.
Si haut que ma gloire ait monté,
Elle n'est pas stupéfaite
Et se croit digne qu'on la fête ;
Car ce qui tombe de mon faîte,
C'est tout un siècle de bonté.

M. Clovis Hugues, de son côté, au banquet de l'Hôtel-de-Ville, a déclamé ses beaux vers avec une fougue toute méridionale.

Pour compléter le bouquet poétique, nous y joindrons le sonnet magistral de notre éminent compatriote, M. Henry Jouin :

### A CHEVREUL

Ainsi qu'un arbre antique à l'éternel sourire,
Chevreul, ton nom sans ride attire tous les yeux ;
A le découronner cent ans n'ont pu suffire ;
Et nous, à mi-chemin, nous sommes presque vieux !

Le respect et l'attrait que ton grand âge inspire,
Dans chaque admirateur te font un envieux.
Que dis-je ? Ton triomphe est de ceux qu'on admire
Et dont, sans y prétendre, on se sent orgueilleux.

Salut ! penseur illustre ! Après cent ans de vie,
Ton âme de savoir ne s'est pas assouvie :
Ce haut labeur nous vaut le maître dans l'aïeul !

Va ! ton exemple est bon. Le travail régénère.
Tu ne dois qu'au travail ta gloire centenaire...
— « A la gloire, au génie, au siècle de Chevreul ! »

Ces vers vibrent avec l'accent du clairon. Nous n'avons rien à ajouter à ces éloquents éloges, qu'un humble commentaire en prose serait impuissant à compléter. Nous nous contenterons simplement de terminer cette trop courte notice en saluant avec une respectueuse admiration, au nom de la *Revue de l'Anjou*, Michel-Eugène Chevreul, l'illustre doyen de la Science française, le grand vieillard, le chimiste célèbre, qui demeurera l'une des gloires les plus pures de la patrie angevine.

Angers, imp. Germain et G. Grassin. — 1608-86.